NOTICE

HISTORIQUE

SUR BRIENNE.

NOTICE

HISTORIQUE

SUR BRIENNE,

PAR J.-A. JAQUOT.

Paris.

IMPRIMERIE ET FONDERIE DE FAIN,

RUE RACINE, N°. 4, PLACE DE L'ODÉON.

1832.

NOTICE

HISTORIQUE

SUR BRIENNE.

§ Ier.

La petite ville de Brienne, située en Champagne, près de la rivière d'Aube, à dix lieues de Troyes, est remarquable par son magnifique château, et célèbre tant par le séjour qu'y a fait Bonaparte, que par la bataille qui s'y est livrée dans nos dernières guerres. Elle est divisée en deux parties bien distinctes, dont l'une, où est le château, s'appelle *Brienne-le-Château*, et l'autre, plus rapprochée de la rivière d'Aube, *Brienne-la-Vieille*, et dans quelques ouvrages, *Brienne-la-Ville*.

Cette petite ville est fort ancienne, et son origine se perd dans la nuit des temps. Peut-être est-ce de ses habitans que Jules-César a entendu parler dans ses Commentaires sous les noms de BRANNOVII et de BRANNOVICES? Quoi qu'il en soit, elle a des souvenirs certains du Ve. siècle. Dès les premiers temps de la monarchie, elle porte le titre de comté, qu'on ne donnait guère alors qu'aux villes. Ce qui prouve encore son ancienneté, c'est une route romaine qui passe à Brienne-la-Vieille où elle fait un coude. Cette route, mentionnée dans un acte de 1185, sous le nom de *voie antique* (*via antiqua*) est celle qui est indiquée sur la carte de Peuttinger et qui de Reims mène à Langres en passant par Châlons, *Durocatalaunum*, Corbeil, *Corobilium*, et *Segessera*, qui est probablement Bar-sur-Aube. Le coude que la route fait à Brienne-la-Vieille annonce que ce lieu était sous les Romains de quelque importance.

Il existe aussi près de Brienne un endroit appelé *camp de César, camp des Romains*, et quelquefois *route des Romains*. Mais évidemment ce ne peut être qu'un camp. Ce qui le prouve c'est l'angle qu'il forme près de Lesmonts, et les espèces de redoutes qu'on y remarque de place en place. Il forme un rempart composé de pierres rapportées, de la hauteur de dix pieds sur quinze à vingt de largeur environ. Sans doute le temps a contribué à l'affaisser. Il semble qu'on ait eu en vue de le protéger par les coteaux qui l'environnent.

Le plus ancien monument qui constate d'une manière non équivoque l'existence de Brienne, est l'histoire primitive de saint Loup, évêque de Troyes, écrite par un anonyme. Nous y apprenons qu'au milieu du Ve. siècle les habitans de Brienne, qu'elle appelle *Brions*, en latin BRIONENSES, furent enmenés captifs par les Allemands qui ravagèrent leur pays. Suivant le même auteur, saint Loup, évêque du Troyes, intercéda pour ses diocésains auprès de Gébavulte, roi des Allemands, lequel, en considération du saint prélat, donna la liberté aux habitans de Brienne et les renvoya sans rançon.

Il n'est pas douteux que ce ne soit en 451 que les Briennois furent ainsi emmenés en captivité, et que les Allemands ne soient venus à la suite des armées nombreuses d'Attila, qui à cette époque infestèrent les environs de Troyes. Au reste, pour mettre les lecteurs à même d'en juger, je vais citer en entier le passage qui rapporte cet événement, et le faire suivre de la traduction. *Omnes quidem gentium reges ei præstabant reverentiam : sed specialiùs tamen a rege Gebavulto eximia fuit ei exhibita obedientia. Namque* BRIONENSES, *quos olim captivos abduxerat Alemannorum immanitas, litteris a beato viro acceptis, non illectus cupiditate, non prædâ hominum captus, non auri pondere, nec pretio victus, sed regiâ dignitate sublimis, libertati restituit; hostili servitute absolutos, et nimia jam dominationis acerbitate pressos, tanquàm devotos reipublicæ minister, in eum statum quem legibus omnes amiserant revocavit, pristinâ dignitate donatos.*

« Tous les rois respectaient saint » Loup, mais aucun d'eux ne lui té» moigna une plus grande déférence » que le roi Gébavulte : car, sur les » simples lettres que lui écrivit le » saint prélat, il rendit à la liberté » les Briennois, que les féroces Alle» mands avaient autrefois emmenés » captifs : il fit cette bonne action » avec la grandeur d'âme digne d'un » roi, sans se laisser tenter par la » cupidité et la richesse de la cap» ture, et sans accepter l'or qui lui » était offert avec largesse pour prix

» de la rançon. Il les délivra d'une » servitude et d'une domination si » dures, qu'ils ne pouvaient plus les » supporter ; il en agit ainsi comme » s'ils eussent été des sujets dévoués : » il les rétablit dans l'état que les » lois de la guerre leur avaient fait » perdre, et leur restitua leur an- » cienne dignité. »

Il est fait de nouveau mention de Brienne dans l'histoire de saint Berchaire, qui vivait au VIIe. siècle, et qui, suivant Desguerrois, mourut en 685. Cette histoire était conservée dans l'abbaye de Montierender, située à quelques lieues de Brienne, abbaye qui avait été fondée par saint Berchaire. On ne sait quel en est l'auteur : ce qu'il y a de certain, c'est que si elle n'a pas été composée du temps de saint Berchaire, elle a dû l'être d'après des écrits contemporains. Elle est remplie de fables, comme toutes les chroniques religieuses de ce temps. Toutefois, au milieu des erreurs qu'elle contient, il y a quelques faits historiques. L'existence de saint Berchaire est d'ailleurs attestée par plusieurs chroniques fort anciennes.

Voici ce que nous y lisons :

Crispianus villa quædam dicitur, ita in confinio CASTRI BREONENSIS, *et silvæ Dervensis. Hæc ab antiquo latronum extitit altrix, utpote admixta silvæ, quæ immensa circumquaque diffusa, præbet hujus studii hominibus grata latibula.*

C'est-à-dire :

« Il existe un village appelé Crespy, situé dans le finage du *château de Brienne*, et au milieu de

» la forêt de Der : depuis un temps
» immémorial, ce village est le re-
» paire des voleurs, étant entouré
» en tous sens de cette immense fo-
» ret, qui leur offre des retraites
» commodes. »

Le village de Crespy est effectivement situé à deux lieues de Brienne : mais ces bois profonds qui l'entouraient ont disparu. Des monumens irrécusables nous attestent que la forêt de Der couvrait non-seulement une grande partie du pays qu'occupe aujourd'hui le département de l'Aube, mais s'étendait fort loin encore du côté de Montierender. Ainsi Montierramey et Pel-et-Der s'y trouvaient enclavés. Une grande partie de cet immense forêt a été défrichée par les moines dans les VIIe., VIIIe. et IXe. siècles. C'est un service qu'ils ont rendu à l'agriculture et à l'humanité. Brienne possède encore près de ses murs des bois considérables qui sans doute, avant les défrichemens des moines, recélaient des autels nombreux dressés par les druides.

L'histoire reste muette sur Brienne depuis l'époque dont je viens de parler, jusqu'au milieu du IXe. siècle ; mais à partir de là les renseignemens historiques sont beaucoup plus abondans, et l'on peut presque dire qu'on a depuis lors une histoire suivie de cette ville.

Dans les premiers temps, elle n'eut pas de comtes héréditaires. Les rois de France y plaçaient, comme dans la plupart des autres villes du royaume, des gouverneurs qu'ils pouvaient révoquer à leur gré, et à qui ils laissaient, à titre de bénéfice, l'usufruit de différentes terres appartenant à la couronne. Ce n'est qu'au Xe. siècle que l'hérédité s'est établie. Jusque-là on voit plusieurs fois les rois de France user de leur droit, soit en révoquant les comtes, soit en aliénant tout ou partie des terres qui leur avaient été concédées. Nous trouvons, en 832, une première preuve de cette assertion.

En effet, par une charte de cette année, Louis le Débonnaire, roi de France, donne en toute propriété à Haudo, abbé du monastère, appelé *Der* (Montierender) construit dans le pays de Perthe, sur la Voire, au lieu autrefois appelé *Puisié*, les propriétés qui suivent situées dans le *comté de Brienne, in comitatu*

Breonense, savoir, le village appelé *Dodincourt* (aujourd'hui St-Christophe) lequel Hisimbert, vassal du roi, tenait à titre de bénéfice, ensemble les serfs de l'un et l'autre sexe, les maisons, les édifices, églises, terres cultivées et incultes, forêts, prés, patures, étangs, cours d'eau et moulin, en dépendant.

On voit par cette charte, où le comté de Brienne est d'ailleurs indiqué d'une manière précise, qu'en 832 Hisimbert en était comte.

Cinq ans après (en 837), il est encore question de Brienne. Cette ville entre dans la composition du petit royaume que Charles le Chauve, l'un des fils de Louis le Débonnaire, était appelé à gouverner. Ce fait nous est attesté par la *Chronique de Nithard* et les *Annales de Saint-Bertin*. Effectivement, suivant ces historiens, Louis le Débonnaire donne à son fils, entre autres pays, *utrosque Barrenses*, BRIONENSEM, *Tricassinum*, *Autissiodorensem*, *Senonicum*; c'est-à-dire, le pays de Bar-sur-Aube et de Bar-sur-Seine, de Brienne, de Troyes, d'Auxerre, de Sens. Il est évident que dans ce passage il ne peut être question que de la ville de Brienne, voisine de Bar-sur-Aube et de Troyes.

Cette indication de notre petite ville, parmi les plus considérables du royaume de Charles, porte à croire que, dans ces temps reculés, elle avait plus d'importance qu'elle n'en a de nos jours. Une autre circonstance fortifie cette opinion, c'est qu'une donation de l'an 851, par

Charles le Chauve au profit de l'église d'Orléans, est datée IN VILLA BRIONNA, que don Bouquet croit être Brienne en Champagne. Si cela était, Brienne aurait été, au moins momentanément, la résidence d'un de nos rois.

Jusqu'à présent il n'a été question d'une manière certaine que d'une seule ville de Brienne. En 853, l'histoire nous révèle l'existence des deux Briennes, c'est-à-dire, de Brienne-la-Vieille et de Brienne-le-Château. Voici en effet ce qu'on lit dans les capitulaires de Charles le Chauve : *Wenilo episcopus, Odo et Donatus, missi in pago Senonico, Trecasino, Wasteniso, Miliduniso, Morviso, Provisino, in tribus Arcisis* [1], IN

[1] Je crois qu'il faut lire *Ricesis*, *Riceys*, Arcis n'ayant jamais été divisé en trois bourgades.

DUOBUS BRIONISIS ; c'est-à-dire : « We-
» nilon, évêque (de Sens, que l'on
» croit être né à Rameru), Odon et
» Donatus, furent envoyés, comme
» gouverneurs, à Sens, Troyes,
» Vassy, Melun, *Morvins*, Provins,
» aux trois Riceys, et aux *deux*
» *Briennes.* »

A quelle époque Brienne fut-il ainsi divisé? On ne peut répondre à cette question d'une manière certaine; seulement on peut décider, par la direction de la route romaine et par le nom que porte Brienne-la-Vieille, que cette dernière partie de la ville, quoique moins considérable, est plus ancienne. Il est probable aussi que Brienne-le-Château a pris de l'accroissement quelque temps après la construction du château dont il a retenu le nom.

Charles le Chauve, roi de France, aliéna aussi, au profit de l'abbaye de Montierender, une portion des terres à lui appartenant, situées au pays de Brienne, *in pago* BREONENSE. Il fit cette donation par un acte de 856, dans lequel, après avoir restitué à l'abbaye quelques terres qui lui avaient été usurpées par violence, il ajoute qu'il donne de sa propre largesse les terres suivantes, situées au pays de Brienne, dans le village appelé *Géruvillare;* c'est à savoir : une propriété avec les serfs en dépendant, quinze journées de terre labourable, la communauté de la forêt; et, au même pays de Brienne, dans le village appelé Saint-Bric, quinze journées de terre labourable.

Par sa position près d'une plaine

immense et propre au déploîment de grandes armées, Brienne dut être le théâtre de batailles nombreuses. Il faillit s'en livrer une très-importante sous ses murs en 858. Charles le Chauve régnait alors en France; mais les grands, fatigués de son autorité, conspirèrent dans le but de mettre à sa place sur le trône Louis, empereur de Germanie, son frère.

Celui-ci entre en France sous prétexte de combattre les Normands. Il arrive par Châlons et Queudes dans la ville de Sens, dont les portes lui sont ouvertes par le traître Wénilon, évêque de cette ville. De là il entre dans l'Orléanais, où les seigneurs de plusieurs provinces de France viennent se placer sous ses étendards; puis, retournant sur ses pas, il marche vers Queudes. Charles le Chauve faisait le siége l'Oissel, près de la Loire, lorsqu'il apprit que ses états étaient envahis et qu'une partie de la nation était en révolte. Aussitôt il rassembla des troupes, et, avec les principaux seigneurs de la Bourgogne, il marcha contre Louis, qu'il rejoignit à Brienne [Breona, dans les Annales de saint Bertin, dans les Épîtres d'Hincmar, et dans les Capitulaires de Charles le Chauve; et Briacus, par erreur, dans les Annales de Fould]. Là, trois jours se passèrent en négociations qui furent sans doute employées à ébranler la fidélité des troupes du roi de France. Enfin, le 12 novembre 858, ce dernier allait livrer une bataille qui aurait été sanglante, lorsque ses troupes l'abandonnèrent. Resté seul, il fut contraint de prendre la fuite et de gagner à travers les bois les états de Bourgogne. Louis alla de suite à Troyes, où il récompensa les traîtres en leur distribuant des comtés, des monastères et des propriétés royales. Mais bientôt on s'insurgea de nouveau contre le vainqueur, et Charles le Chauve recouvra ses états peu de temps après les avoir perdus.

L'événement qui se passa alors à Brienne fut un des plus importans de l'époque, et fixa l'attention des historiens contemporains, qui en parlent avec détail. Il est rapporté dans les Annales de saint Bertin, que l'on attribue en partie à saint Prudence, évêque de Troyes, ouvrage où j'ai principalement puisé, et dans les Annales de Fould, qui, d'accord sur la date et la plupart des faits, diffère en ce point qu'il attribue la fuite de

Charles le Chauve près de Brienne, non pas à la défection de ses troupes, mais à l'effroi que lui avait inspiré l'armée de son frère, beaucoup plus considérable en nombre. Il en est aussi question dans plusieurs passages des Épîtres d'Hincmar, et dans les Capitulaires de Charles le Chauve.

Le même Charles, qui précédemment avait fait une donation à l'abbaye de Montierender, en fit une en 872, au profit de l'abbaye de Montier-la-Celle, située dans le diocèse de Troyes. Il lui concéda tout ce qu'il possédait dans le pays de Brienne, *afin*, porte l'acte, *qu'aucun des comtes de Troyes, ou toute autre personne, n'en dispose en aucune manière*.

Dans cet acte le pays de Brienne

est appelé en latin *pagus* Brenensis. Désormais nous le verrons presque toujours désigné sous ce dernier nom, et Brienne sous le nom de Brena, en français *Brenne*. Geoffroy, vivant au XIIe. siècle, et auteur de la vie de saint Bernard, dit en parlant de notre ville, qui fut visitée par ce saint, *castrum quod* Brena *ab indigenis nominatur*.

Jusqu'au IXe. siècle au contraire la ville de Brienne avait toujours été nommée *Briona* et *Breona*, correspondant aux mots français *Brione* et *Bréone*. J'ai d'abord cru que son nom, changé dans le IXe. siècle en celui de Brenne, avait été remplacé, mais long-temps après, par celui de *Brienne*. J'étais pour ainsi dire autorisé à adopter cette opinion par le savant Pithou, qui dit en parlant de notre ville : *Brenne, depuis appelée Brienne.*

Mais d'abord elle est appelée Brienne par des écrivains latins fort anciens. Ainsi, Guillaume le Breton, qui vivait dans le XIIe. siècle et qui a laissé un poëme sur le roi Philippe Auguste, dit en parlant de ce dernier :

Et jam post tergum campana BRIENNAque rura
Liquerat, et Trecas; nam Barri mænia velox
Præterit, et Muxis infert se mænibus...

C'est-à-dire : « Déjà, il avait laissé dernière lui la Champagne, les champs de Brienne et Troyes ; déjà, dans sa course rapide, il s'était éloigné des murs de Bar, et était arrivé dans ceux de Mussy. »

Ainsi encore dans une généalogie,

qu'on attribue à un moine de Foigny, qui vivait vers l'an 1160, il est dit : *quarum una nupta Ærardo comiti* BRIENNENSI. C'est-à-dire, *une d'elles* (des filles d'André de Rameru) *épousa Érard, comte de Brienne,*

D'un autre côté les chroniques françaises, même les plus anciennes, désignent ordinairement notre ville sous le nom de Brienne.

Jeoffroy de Villehardoin, né dans le XIIe. siècle, à deux lieues de Brienne, et peut-être le premier historien qui ait écrit dans la langue française, dit : « *En la terre du comte Thibaut de Champaigne se croisa Garnier li vesque de Troyes, li queus* (le comte) *Gautiers de* BRIENNE. »

Le sire de Joinville, qui vivait dans le siècle suivant, et qui était également né près de notre ville, ne l'appelle jamais que *Brienne*.

Dans une supplique de 1277, adressée par des croisés au comte de Champagne, on trouve les deux noms de Brenne et de Brienne « *le sire Hugues, comte de* BRIENNE, *vostre homme et vostre féal, si tost comme il entendit et ouït le décès de son aîné frère Jean de* BRENNE, *dont Diex ait l'âme*, etc.

Il est très-probable qu'il y a une faute de copiste dans ce dernier passage. Quoi qu'il en soit, on doit conclure de ce qui précède que depuis fort long-temps notre ville s'appelle indistinctement *Brienne* et *Brenne*. Il est vraisemblable aussi qu'avant le IXe. siècle elle s'appelait *Brione* et *Bréone*. Il est difficile de rendre compte de ces changemens de nom.

Peut-être, dans le IXe. siècle, il aura plu à un savant de prétendre que Brienne avait été fondé par le fameux *Brennus*, chef de Gaulois Sénonais, qui s'empara de Rome six cents ans après sa fondation; et il n'en aura pas fallu davantage pour amener cette substitution de nom. Je hasarde cette conjecture parce qu'elle me paraît propre à démontrer qu'il faut bien peu de chose pour causer de semblables révolutions.

Au reste, cette prétention qui attribue à Brennus l'origine de Brienne, quoiqu'elle ne fût fondée que sur une simple analogie de nom et sur ce que l'on pensait que Brienne dépendait du peuple Sénonais, a été élevée en effet. Je n'ai pas cru devoir en parler au commencement de cette notice, non pas qu'une telle prétention me paraisse aussi absurde que celle qui fait fonder Bar-sur-Aube par Bardus, ou Troyes par un descendant d'Ilion, mais parce qu'après tout elle me paraît absolument dénuée de preuves.

D'ailleurs, il est à peu près admis parmi les savans que le mot *Brennus* n'est pas un nom d'homme, mais une qualification qu'on donnait aux commandans des armées, et que dans la langue celtique *brenn* veut dire *chef*. En cela, les amateurs d'antiquités et d'étymologies ne perdront rien, ils pourront soutenir en effet que Brienne n'a pris ce nom et celui de *Brenne* que parce que, dans l'origine, il a été le chef-lieu d'un peuple de la Gaule.

J'ai dit que, postérieurement à

l'an 872, Brienne était presque toujours désigné en latin par un mot correspondant au mot *Brenne.* Il conserve encore son ancien nom *Brione* dans un acte de 885, par lequel Charles le Gros donne à l'église de Lyon, *in pago* BRIONENSE, *Pisnacum villam cum omni integritate,* c'est-à-dire « dans le pays » de Brione le village de Pisnay in- » tégralement. » Comme il m'a paru que *Pisnacus* désignait le bourg de Piney, situé à cinq lieues de notre ville, j'ai pensé que *pagus Brionensis* désignait ici le pays de Brienne. Cette donation fut confirmée plus tard (en 892) par Louis de Bourgogne.

Jusqu'au milieu du Xe. siècle, il ne se passe rien d'important au sujet de notre petite ville. Seulement, en 938, nous voyons Henri, comte de Brienne, assister avec plusieurs autres seigneurs à un tournoi qui eut lieu à Magdebourg, sous l'empereur Henri Ier. C'est le second comte non héréditaire de Brienne que je remarque.

L'année 951 est une époque mémorable de l'histoire de Brienne. L'historien Flodoard rapporte que dans le cours de cette année, et sous le règne de Louis d'Outremer, deux brigands, Gotbert et Angilbert, son frère, fortifièrent le château de Brienne. Il ajoute qu'aussitôt que Louis d'Outremer en eut connaissance, il se hâta d'arriver à Brienne, forma le siége du château, parvint enfin à le prendre par la famine et le détruisit. *Ludovicus rex munitionem quamdam, nomine*

BRENAM, *quam quidam prædones, Gotbertus scilicet ac frater ejus Angilbertus munierant, obsidet, penuriâque famis oppressam, tandem capit ac diruit.*

Ceux qui connaissent la situation du château de Brienne, sur une montagne qui domine tous les lieux voisins, et qui était autrefois plus élevée qu'aujourd'hui, conçoivent parfaitement qu'on pût y établir des fortifications redoutables. Par le passage qui précède, on voit que Louis d'Outremer n'y pénétra qu'après de longs efforts. Au reste, il ne faut pas croire que ce soit là l'époque de la fondation du château de Brienne, et que l'on ne commença à construire des châteaux forts que dans le Xe. siècle. L'histoire ci-dessus dit seulement que Gotbert et Angilbert ajoutèrent des fortifications à celles qui existaient déjà à Brienne. Le château était en effet antérieur à cette époque, puisque dans l'histoire de saint Berchaire, qui existait au VIIe. siècle, Brienne a été mentionné sous le nom de *Castrum Breonense*. D'un autre côté, César nous apprend que de son temps il existait dans les Gaules beaucoup de châteaux, *castella*, et ce mot, dans la langue latine, emporte l'idée d'une maison fortifiée. Le château de Brienne, détruit de fond en comble en 951, ne tarda pas à se relever de ses ruines; car il existe un acte mentionné plus bas, lequel a été scellé sous le règne de Robert (de 996 à 1031) à Brienne-le-Château, *actum Breone castello*.

§ II.

Nous avons vu jusqu'à présent les rois de France disposer à leur gré des terres faisant partie du comté de Brienne; parce qu'alors ceux de leurs sujets qu'ils y plaçaient, soit avec le titre de comte ou tout autre, étaient révocables à leur gré. Il en était de même dans toute la France. Une grande révolution s'opère dans le Xe. siècle, au commencement de la troisième race. Les comtes et barons, qui ne possédaient leurs terres qu'à titre de bénéfices et viagèrement, commencèrent alors à les posséder à titre héréditaire. Les rois de la troisième race, dans l'impuissance de déposséder ceux de leurs sujets qui avaient usurpé des terres appartenant à la couronne, transigèrent avec eux, et les maintinrent eux et leurs descendans dans les domaines usurpés, à condition qu'ils reconnaîtraient le roi de France comme suzerain, et qu'ils seraient obligés envers lui à certaines redevances.

C'est dans le Xe. siècle que commence la chaîne, non interrompue depuis, des comtes héréditaires de Brienne. Je n'entreprendrai pas d'en donner la généalogie que l'on trouvera amplement détaillée dans Moréri et dans le *Dictionnaire de la Noblesse*. Je ne parlerai que des comtes de Brienne les plus remarquables, et de ceux dont l'histoire se lie, soit par des fondations, soit par des actes quelconques, à celle du pays.

Quatre familles ont possédé tour à tour le comté de Brienne, la famille de Brienne, la famille d'Enghein, la famille de Luxembourg et la famille de Loménie. La première en a pris son nom, qui était déjà héréditaire dès le XIIe. siècle. On verra en effet qu'Érard de Brienne, quoique comte de Rameru et non de Brienne, a toujours pris ce dernier nom : circonstance qui a induit en erreur plusieurs écrivains. Cette famille qui n'existe plus aujourd'hui [1], fut une des plus illustres. Elle a rendu le nom de Brienne cé-

[1] A moins que MM. de Conflans n'en descendent.

lèbre dans toute l'Europe et jusque dans l'Orient : un Brienne ayant été roi de Jérusalem et empereur de Constantinople ; un autre, roi de Sicile et duc de la Pouille, plusieurs, ducs d'Athènes ; et Marie de Brienne, femme de Baudoin II, impératrice de Constantinople. Cette famille a été la tige des comtes d'Eu et de Guines, des vicomtes de Beaumont au Maine, des seigneurs de Rameru, des comtes de Bar-sur-Seine, et des seigneurs de Conflans.

La famille d'Enghien a possédé peu de temps le comté de Brienne, qui a passé ensuite à celle de Luxembourg. Cette famille n'est guère moins illustre que celle de Brienne : plusieurs de ses membres ont été connétables de France. La famille de Loménie, qui lui a succédé au comté de Brienne, est la dernière qui l'ait possédé. Elle a acquis aussi beaucoup d'illustration, cinq de ses membres ayant dirigé les affaires comme ministres d'état.

Remarquez que pendant ce long intervalle de temps, qui comprend près de neuf siècles, le comté de Brienne n'a pas été vendu une seule fois (du moins d'une manière efficace), et qu'il a toujours été transmis jusqu'aujourd'hui par succession et par alliance, de sorte que les quatre familles dont je viens de parler, alliées entre elles, n'en forment, pour ainsi dire qu'une seule. (Voyez à la fin de cette notice, la liste chronologique des comtes de Brienne.)

Dès l'époque où le comté de Brienne fut pour la première fois possédé à titre héréditaire, il paraît avoir relevé en plein fief, foi et hommage, du comté de Champagne. Les seigneurs de Brienne devinrent par conséquent vassaux et hommes liges des comtes de Troyes, qu'ils appelaient leurs suzerains. En 1122, nous verrons Gauthier IV, comte de Brienne, faire hommage lige au comte de Champagne, et dans un acte de 1277 nous le verrons appelé *homme et féal* dudit comte. Cette qualité de vassal obligeait le seigneur de Brienne à des redevances envers son suzerain, et notamment à lui fournir un nombre déterminé d'hommes de guerre, lorqu'on publiait en Champagne les bans et arrière-bans. Du château de Brienne relevaient aussi plusieurs terres, dont les seigneurs étaient vassaux de nos comtes à qui ils devaient à leur tour foi et hommage, et service de guerre à la première réquisition.

Tout nous porte à croire que, dans ces temps de féodalité, les comtes de Brienne étaient fort puissans, et pouvaient au besoin se mettre à la tête de troupes assez nombreuses pour faire trembler les barons voisins ; qu'ils avaient une garde réglée ; et que leur château était entouré de fortifications redoutables. On assure que ce château communiquait par des signaux avec celui de Vandœuvre et celui de Chacenay.

Dès l'époque de l'établissement de la féodalité, vers le Xe. siècle, les comtes de Brienne devinrent pairs de Champagne, avec les six autres seigneurs les plus puissans de cette province. En cette qualité, ils devaient assister aux assemblées dites *Grands jours de Troyes*, où l'on décidait les contestations majeures qui s'élevaient alors dans le ressort de la coutume. Je renvoie à Pithou pour l'explication de ce tribunal, qui, sous quelques rapports, ressemblait à nos assises d'aujourd'hui.

Engilbert est le premier qui ait possédé le comté de Brienne à titre héréditaire. Il vivait sous le règne de Hugues Capet, en 990, époque où il comparaît dans une charte de Montierramey. Est-ce le même que cet Engilbert qui, en 951, conjointement avec son frère Gotbert, soutint au chateau de Brienne un siége contre Louis d'Outremer, ou bien est-ce son fils? L'histoire ne nous apprend pas que Louis se soit rendu maître de l'un ou de l'autre, et les ait punis de leur rébellion ; l'anarchie qui régnait alors permet de croire qu'Engilbert s'empara de nouveau de Brienne, y reconstruisit le château, et que lui ou son fils fut maintenu dans son usurpation.

Engilbert, deuxième du nom, succéda à Engilbert qui précède. Les chroniques d'Albéric nous apprennent que ce dernier, qu'elles qualifient *comte de Brienne-sur-Aube* (*comes de Brenâ super Albam*), épousa la veuve d'un comte de Joigny, laquelle avait une fille de son premier mariage. Par les soins du comte Engilbert, ajoute le même auteur, cette fille fut donnée en mariage à un vaillant chevalier, nommé Étienne de Vaulx, qui faisait partie de sa table, sans doute en qualité de *varlet*. Étienne de Vaulx, devint par sa femme comte de Joigny : c'est lui qui, aidé des secours et sans doute de l'argent d'Engilbert de Brienne, jeta les fondemens du château de Joinville, *de ce biau chastel*, où est né le fameux sire de Joinville, chastel qu'il *avait fort à cœur*.

Du vivant d'Engilbert II, le nouveau comte de Joinville usurpa des terres appartenant à l'abbaye de Montierender, dont j'ai déjà parlé. C'était alors chose fort ordinaire que ces usurpations : mais les moines étaient protégés par les rois. Ceux de l'abbaye de Montierender se plaignirent ; et, par un décret de l'an 1027, Robert, roi de France, ordonna que les terres usurpées fussent restituées à l'abbaye. Le comte de Brienne détermina son gendre à acquiescer à ce décret, et obtint même pour lui de Dudon, abbé de Montierender, le titre d'avoué de la terre de Blaise, dont Engilbert était revêtu.

Ce même Engilbert, qui eut pour frère Widon, fit au profit de l'abbaye de Monticrender le transport des redevances qui lui étaient dues par le village de Dodincourt (depuis appelé Saint-Christophe). L'acte en fut dressé à Brienne-le-Château, BREONE CASTELLO, sous le règne de Robert, et revêtu du sceau d'Adélaïde, comtesse de Brienne, sans doute femme d'Engilbert.

Suivant les chroniques d'Albéric, que j'ai déjà citées, Engilbert II vivait encore en 1055.

Il eut pour successeur au comté de Brienne Gauthier, aussi mentionné dans les chroniques d'Albéric.

En 1068, il fit, conjointement

avec sa femme, Eustache, comtesse de Bar-sur-Seine, quelques donations à l'abbaye de Montierramey, au diocèse de Troyes. Il vivait encore en 1080. Il eut plusieurs enfans, et notamment Erard, dont je vais parler, Milon, dont les descendans furent comtes de Bar-sur-Seine, et Engilbert de Brienne, seigneur de Conflans, tige de la maison de Conflans.

Suivant le *Dictionnaire géographique* de la Martinière et la *Topographie troyenne* de Courtalon-Delestre, Erard, fils de Gauthier, fut le premier comte héréditaire de Brienne : nous avons vu que c'est une erreur. Il vivait en 1104. C'est de son vivant que fut fondée près de Brienne l'abbaye de Beaulieu par trois prêtres, Osbert, Alard et Odon.

La nouvelle abbaye fut construite en 1112, à la place d'une église déserte et demi-ruinée de la paroisse de Berville-sur-Aube. « Telle » est l'époque de la fondation du » monastère qui mérite justement » ce nom de Beaulieu, dit Des- » guerrois [1], car il est situé en » bel air, belle place et bon fonds; » tellement que tout y est agréable » à ceux qui le considèrent, en une » belle plaine, non loin de la mon- » tagne, et proche la rivière d'Aube. »

« Or, ajoute Desguerrois, ce bon » œuvre ne fut pas sitôt commencé, » que Dieu suscita le pieux esprit » des comtes de Brienne qui, proche » de ce Beaulieu, y voyant une dé- » vote compagnie de prêtres, leur

[1] *Sainctcté chrétienne.*

» fit du bien. Erard de Brienne com-
» mença; et, étant un comte adonné
» aux aumônes, comme incité par
» notre évêque, pour le salut de son
» âme et de ses prédécesseurs, don-
» na à ce monastère de la vigne;
» tout ce qu'il avait de revenu au fi-
» nage de Jassein, en terre, pré et
» bois; toute la rivière banale, de-
» puis l'orme sur la fin de Jouvansé,
» jusqu'à Jassein; le vivier du comte;
» l'usage en tous les bois par tout le
» comté de Brienne, jusque même à
» la porte du château. »

Gauthier IIe. du nom, fils du précédent, et d'Alix de Roucy, dame de Rameru, fut comte de Brienne à la mort de son père. Il se signala comme lui par sa piété. C'est lui qui fonda l'abbaye de Basse-Fontaine, près de Brienne, sur les bords de l'Aube, où souvent Napoléon, enfant, est venu goûter les plaisirs de la solitude.

Voici comment le même abbé des Guerrois raconte cette fondation dans son style naïf : « Au commence-
» ment que Beaulieu commença de
» florir en l'ordre de Prémontré,
» Gauthier, comte de Brienne, qui
» d'ordinaire faisait sa chasse dans
» ces bois, ému de piété, invita ces
» religieux de prendre quelque can-
» ton en cette forêt, et leur donna
» le lieu de Basse-Fontaine pour les
» avoir proche de soi, car il les trou-
» vait trop éloignés à Beaulieu : c'est
» pourquoi à leur église de Notre-
» Dame, qu'ils édifièrent là, il y fit
» ajouter pour soi une chapelle vers
» le septentrion et les bois, dans
» laquelle il venait faire ses dévo-
» tions, et ouïr messe, avant que

» d'aller à la chasse : voilà donc
» comme en cet an 1143, Basse-Fon-
» taine fut constituée par la munifi-
» cence des comtes de Brienne, qui
» ont grandement aimé l'ordre de
» Prémontré, en ce que ces charita-
» bles comtes, voyant la sincérité de
» cet ordre, désignée par leur habit
» blanc, en firent grand état, et dres-
» sèrent ce monastère pour y mettre
» des religieux. »

Comme l'acte de fondation contient des détails précieux, tant sur les environs de Brienne, que sur les richesses de ses seigneurs, je vais en donner la traduction. Cet acte a été rédigé par les moines, comme on va le voir :

« Attendu que beaucoup de choses
» sont nécessaires à la fragilité hu-
» maine, que surtout rien ne l'est

» plus que de se soulager, par des
» bienfaits envers l'église, des fautes
» dont on est accablé, faisons savoir
» à tous présens et futurs que Gau-
» thier, comte de Brienne, pour le
» remède de son âme et de celle de ses
» prédécesseurs, a donné à notre mai-
» son et église fondées en l'honneur
» de la sainte vierge Marie, mère de
» Dieu, dans le lieu appelé Basse-
» Fontaine, le dixième de ses rentes
» de Brienne-le-Château (*de Brenâ*
» *Castello*), savoir : le dixième des
» provisions annuelles de sa maison,
» à l'exception de l'avoine qu'il pour-
» rait acheter pour la nourriture de
» ses chevaux, le dixième de son
» vin, excepté celui qu'il achète-
» rait pour revendre [1] ; de plus le

[1] On voit qu'à cette époque les grands sei-

» dixième de ses revenus de Piney,
» et de ses revenus en bois, tant en
» argent qu'en nature, à l'exception
» de celui qui proviendrait de ses
» droits sur les foires; le dixième de
» ses pâturages et terres labourables,
» qui n'auraient pas été concédées
» par quelqu'un de ses prédéces-
» seurs, sinon, le second dixième;
» de plus, toute la terre en friche
» située entre le chemin et la rivière
» d'Aube, depuis la rive appelée
» Ponton, jusqu'à celle appelée Pro-
» sel; la portion de bois contenue
» entre les limites ci-dessus, autant
» qu'en peut contenir l'espace d'un
» trait d'arc, et même quantité entre
» le pont de Mathaut et de Magny-

gneurs ne dédaignaient pas de faire des opérations commerciales.

» Aubert. En outre, et pour l'usage
» de l'église, il nous a accordé et nous
» accorde la faculté de construire un
» moulin sur notre terrain et sur la
» rive sus-désignée, sans que ce mou-
» lin puisse en aucune manière nuire
» à ceux du dit comte Gauthier; et de
» plus la libre jouissance de la rivière
» devant notre enclos. Enfin il nous
» accorde le droit d'usage dans tous
» ses étangs et dans tous ses bois, à
» l'exception de celui qui s'appelle
» l'Ajot, pour l'avantage de notre
» maison, et afin que nous puissions
» y faire paître nos troupeaux, même
» pendant la nuit, sans que toute-
» fois les bergers puissent construire
» dans les bois aucune maison ou
» édifice sans la permission des com-
» tes de Brienne.

» Pour confirmer cette donation,

» nous avons eu soin de faire com-
» paraître et signer de leurs seings
» Erard et André, fils dudit comte
» Gauthier, et Marie, sa fille. L'an
» 1143, le 22 janvier. »

Les moines de Basse-Fontaine furent sans doute troublés par les seigneurs voisins dans la possession des biens qui leur étaient donnés; car, deux ans après, Hatton, évêque de Troyes, *pour obvier*, dit Desguerrois, *à la malice des hommes*, *qui, par l'instinct du diable, sont tellement poussés d'avarice qu'ils ne se contentent pas de leur bien propre, mais encore par des fallaces et violences usurpent les possessions des églises*, sur la prière de Gauthier, comte de Brienne, et d'Ancher, abbé de Basse-Fontaine, Hatton, dis-je, confirma toutes les donations faites par le pieux comte, en faveur de Basse-Fontaine.

Les largesses du comte Gauthier, en faveur de l'abbaye de Basse-Fontaine, ne se bornèrent pas à celles que je viens de signaler. En effet, nous voyons par une bulle du pape Eugène, de l'an 1148, que cette abbaye, outre un domaine et des moulins sis au Mesnil, et une grange avec toutes ses dépendances, située à Verpilliers, possédait encore par suite des libéralités de Gauthier, comte de Brienne, le dixième des revenus de Bleincourt-la-Neuve, de Vitry, de Cepoy, de *Covens*, et de Fraville, la huitième partie du dixième des revenus de Brienne-la-Vieille et de Brienne-la-Neuve (*de novâ et antiquâ Brenâ*), avec le dixième des revenus de Chaudrey, de Saint-Nabord et de Precy, le huitième de ceux de toutes les terres et de tous les étangs qui dépendaient du finage de Magny-Aubert.

Quatre ans après la fondation de l'abbaye de Basse-Fontaine, eut lieu (en 1147) celle de la Chapelle-aux-Planches, qui plusieurs fois éprouva les largesses des comtes de Brienne.

Le même Gauthier signala sa piété et sa bienfaisance envers le prieuré de Rameru, où il avait des propriétés du chef de sa femme. Il fit le voyage de la Terre-Sainte, et, à son retour (en 1152), il ratifia le don qu'il avait fait à l'abbaye de Beaulieu. Il ne vivait plus en 1156.

Érard IIe. du nom, son fils, lui succéda dans le comté de Brienne. En 1182, il fut présent à la donation que Simon de Broye fit à l'Abbaye de Boulancourt. Il termina, en 1186, un différend qu'il avait avec l'évêque de Troyes, et vivait encore en 1189. La bonne intelligence qui avait régné entre l'Abbaye de Basse-Fontaine et Gauthier II n'exista pas avec le successeur de ce dernier. Mais toutes les difficultés furent levées par une transaction de l'an 1185. Les frères de Basse-Fontaine abandonnèrent à Érard tout ce qu'ils possédaient à Précy, et Érard, du consentement d'Agnès, son épouse, et de Gauthier, son fils, leur concéda, entre autres biens, l'église de Basse-Fontaine, et les terres qu'ils avaient défrichées dans ce lieu et au Mesnil.

Gauthier III devint comte de Brienne à la mort d'Érard II, son père. On le voit comparaître comme témoin dans un acte de donation qui fut faite, en 1182, à l'Abbaye de Boulancourt. Je pense que c'est de son vivant, en 1197, que mourut Henri II, comte de Champagne. Il laissait deux filles : Philippe, qui avait épousé Érard de Brienne, seigneur de Rameru; et Alix, dont Gauthier IV de Brienne, mentionné plus bas, épousa la fille. Elles seules avaient droit au comté de Champagne. Néanmoins Thibaut III, frère du feu comte de Champagne, s'empara du comté. Cette usurpation fut par la suite la cause d'une guerre qui dura plusieurs années. L'affaire devint assez sérieuse pour obliger les pairs du royaume à se réunir à Melun, en l'an 1216. Ils déclarèrent que les prétentions de la femme du seigneur de Rameru étaient mal fondées. Cette décision ne découragea pas Érard de Brienne, qui continua la guerre, aidé du duc de Lorraine et de plusieurs autres barons; mais, en 1220, le duc de Lorraine son allié ayant été tué, il fut obligé de se désister de son entreprise.

Je dois relever ici l'erreur de plusieurs historiens qui ont attribué à Érard II, comte de Brienne, dont j'ai déjà parlé, ce que je viens de dire d'Érard de Brienne, seigneur de Rameru, son petit-neveu. Ce dernier portait effectivement le nom de Brienne; et c'est cette analogie de nom qui a été la cause de l'erreur. Cela prouve, comme je l'ai déjà fait remarquer, que les noms étaient alors héréditaires. Au reste, il est très-probable que le comte de Brienne ne resta pas neutre dans cette guerre, et qu'il fournit des secours et des armes à son neveu; mais l'histoire n'en dit rien.

Au commencement du XIIIe. siècle, sous le règne de Philippe-Auguste, une croisade se forma en France à l'effet d'aller combattre les infidèles sur la terre sainte. Les seigneurs Champenois furent des premiers à prendre la croix, ayant à leur tête Thibaut, comte de Champagne, alors suzerain de 1800 fiefs qui lui devaient l'hommage lige. A sa suite marchèrent Gauthier, comte de Brienne, et Jean de Brienne, son frère, avec les hommes de leur terre en état de porter les armes. Un écrivain étranger du XIIIe. siècle, auteur de l'*Histoire de Jérusalem*, dit à cette occasion, en parlant des Champenois. « De toutes les pro-

» vinces de cette nation française, » si renommée par son ardeur mar- » tiale, la Champagne est sans con- » tredit la plus belliqueuse. La jeu- » nesse de cette province s'élance » avec impétuosité aux combats, et » déploie alors les forces qu'elle s'ac- » quiert en temps de paix par des » exercices gymnastiques; et, après » avoir préludé par des guerres si- » mulées, elle montre le plus grand » courage dans les guerres réelles [1].»

Parmi ces Champenois, on remarquait Jeoffroy de Villehardoin,

[1] *Est quædam pars Franciæ, quæ Campania dicitur, et cùm regio tota studiis armorum floreat, hæc quodam militiæ privilegio singulariùs excellit et præcellit; hinc martia pubes potenter egressa, vires quæ in tyrociniis exercitaverit, in hostem ardentiùs exerit et imaginariâ bellorum prolusione propositâ, pugnans animos ad rerum martem intendit.*

maréchal de Champagne, seigneur d'un château situé à deux lieues de Brienne, et qui se couvrit de gloire dans cette croisade. Il lui était réservé d'en être l'historien, et de nous transmettre l'illustration que s'y acquirent ses compatriotes Gauthier et Jean de Brienne. Chose étrange ! c'est encore un Champenois, le sire de Joinville, parent et voisin des comtes de Brienne, qui sera plus tard l'historien d'une autre croisade, où se signalèrent d'autres Brienne.

Gauthier de Brienne, accompagné de soixante chevaliers et de quarante écuyers champenois, conquit en partie le royaume de Sicile, sur lequel il avait des droits du chef de sa femme; et il prit le titre de roi de Sicile et de duc de la Pouille. Mais il ne jouit pas long-temps de sa conquête; car il périt presqu'aussitôt en 1205.

Quant à son frère, Jean de Brienne, rien n'égale l'illustration qu'il acquit. Les chrétiens de la Palestine étant venus demander à Philippe-Auguste, roi de France, un époux pour Marie, héritière du royaume de Jérusalem, le roi choisit Jean de Brienne comme propre au commandement, courageux, habile dans la guerre et sage dans les conseils, *aptum, in armis probum, in bellis securum, in agendis providum, Johannem comitem Brennensem*, dit l'historien Sanuto. Il épousa l'héritière du royaume de Jérusalem, et fut, en 1209, sacré et proclamé roi de cette ville. Plus tard, en 1229, il devint empereur de Constantinople. Il mourut le 23 mars 1237. Sa fille, Marie de

Brienne, devint impératrice par son mariage avec Baudoin II.

Gauthier III eut pour successeur au comté de Brienne Gauthier IV, dit *le Grand*, son fils posthume. Sanuto nous apprend que durant sa minorité et pendant qu'il séjournait en Pouille, Jean de Brienne, son oncle, fut son tuteur et tint le comté de Brienne à titre de bail. C'est pourquoi ce dernier, suivant la coutume du temps, s'intitula comte de Brienne. Il est ainsi qualifié dans quelques titres du cartulaire de Champagne de l'an 1209, et par Albéric en l'an 1210. Il tint le comté, dont il gouverna les terres et seigneuries, jusqu'à ce que son neveu fût en âge de les régir par lui-même. Pendant que Jean de Brienne était roi de Jérusalem, il nomma des gouverneurs au comté de Brienne : parmi eux on voit Jacques de Durnay, chevalier champenois, qui prend la qualité de *comitatûs Brenensis procurator pro domino rege Hierosolimæ, comite Brenæ*. Le roi de Jérusalem aurait pu tenir ce comté jusqu'à ce que son neveu fût âgé de 21 ans, âge fixé par les lois pour la majorité. Mais il le lui restitua avant ce temps, comme nous l'apprend la lettre qu'il écrivit au mois d'avril 1221, à Blanche, comtesse de Champagne, et à Thibaut, son fils. Par cette lettre, il les prie de mettre Gauthier, son neveu, qui à cette époque revenait en Champagne, en possession du comté de Brienne, et de ne pas le retenir en leurs mains, sous prétexte qu'il en a été fait hommage à lui tuteur, ou que son neveu n'a pas encore atteint l'âge de majorité, son intention étant qu'il entre de suite en possession.

L'année suivante, au mois de novembre, le jeune comte, qui était de retour dans sa terre, fit hommage lige au comte de Champagne des seigneuries d'Oignon et de Luyères, que le roi de Jérusalem lui avait données ; mais, dès avant cette époque, il était vassal lige du comte de Champagne à cause de son comté de Brienne. Le même Gauthier IV obtint du roi Jean la cession de tous les droits, que ce dernier pouvait avoir, sur les bourgeois du roi, demeurant à Brienne, et dans les terres dépendantes du comté.

Après s'être mis en possession de ses biens et de ses revenus, Gauthier le Grand retourna à la Terre-Sainte, où il obtint le comté de Japhe, et où il signala sa valeur contre les Sarrasins. Mais ceux-ci, s'étant emparés de lui, le firent cruellement mourir. « Ces traîtres chiens, » dit le sire de Joinville, entrèrent » dans la prison là où le comte Gauthier était; et là le dépiécèrent » et hachièrent par pièces, et plusieurs martyres lui firent, dont » nous devons croire que glorieux » est en paradis. » On place sa mort en 1251. Le même sire de Joinville dit de Gauthier dans un autre endroit : « Ici parlerons du bon » comte de Japhe, Messire Gauthier de Brienne, lequel en son » temps et vivant, et à grand' force » de faits d'armes et de chevallerie, » tint la comté de Japhe par plu-

» sieurs années : lui étant assailli
» des Égyptiens, et sans qu'il jouît
» d'aucun revenu, mais seulement
» de ce qu'il pouvait gaigner ès
» courses qu'il faisait sur les Sarra-
» sins et ennemis de la foi chré-
» tienne. Et advint par une fois
» qu'il déconfit une grande quantité
» de Sarrasins, qui menaient grand
» foison de draps de soie de diverses
» sortes, les quels il gaigna, et en
» apporta. Et quand il fut à Japhe,
» il les départit tous à ses cheva-
» liers, sans qu'il lui en demourât
» rien. Et avait telle manière de
» faire, que le soir qu'il s'était
» parti d'avec ses chevaliers, il en-
» trait en sa chapelle, et là était
» longuement à rendre grâces et
» louanges à Dieu : et puis s'en ve-
» nait gésir (coucher) avec sa femme,

» qui moult bonne dame était, et » était sœur du roi de Chypre. »

L'histoire des successeurs de Gauthier IV n'offrant rien d'intéressant pour l'histoire de notre ville, je n'en suivrai pas la filiation ; je dirai seulement que sous Jean de Brienne, son successeur immédiat, et quelque temps après 1262, époque de la promotion d'Urbain IV à la papauté, le comté fut acheté par ce pape pour doter le chapitre Saint-Urbain de la ville de Troyes. Mais sa mort fit échouer ce projet, et Brienne resta à la famille de ses anciens seigneurs.

§ III.

Gauthier VI de Brienne, comte de Liches, duc d'Athènes et connétable de France, fut le dernier de cette illustre famille qui posséda le comté de Brienne. Il mourut sans enfans à la bataille de Poitiers, le 19 septembre 1356. Isabeau, sa sœur, qui lui succéda, porta le comté de de Brienne à Gauthier d'Enghein, qu'elle avait épousé en 1320. Suivant le *Dictionnaire de la noblesse*, Louis d'Enghein leur fils commun, comte de Brienne, eut, entre autres enfans, Marguerite d'Enghein, qui porta à son tour le comté de Brienne dans la famille de Luxembourg, par son mariage, dont j'ignore la date, avec Jean de Luxembourg, comte de Piney.

Suivant la Martinière, dans son *Dictionnaire géographique*, Gauthier d'Enghein aurait eu pour fils et pour successeur au comté de

Brienne Sohier ; celui-ci, Gauthier, son fils ; ce dernier Louis d'Enghein, frère de Sohier, et dont la fille Marguerite d'Enghein a épousé Jean de Luxembourg.

La famille de Luxembourg posséda le comté de Brienne pendant plus de deux siècles. Durant cet intervalle, on trouve peu de détails historiques sur Brienne. Il est probable que ces nouveaux seigneurs, propriétaires de beaucoup d'autres domaines considérables, habitèrent peu le château de Brienne. Les terres du comté, rarement visitées par leurs maîtres, durent être mal cultivées. Une partie restait en friche. On en trouve la preuve dans un acte de 1558, par lequel Jean Yardin, écuyer, *capitaine de la ville et châtel de Brienne*, reçoit de Jean de Luxembourg, comte de Brienne, la permission de prendre *terres et lieux vacans et étant en friche dans tout le comté.*

Jean de Luxembourg était mort vers l'an 1397. Du vivant de Louis de Luxembourg, son petit-fils, et comme lui comte de Brienne, il se passe un événement important de l'histoire de cette ville; mais auparavant, je dois signaler un fait que je crois assez intéressant, puisqu'il indique jusqu'à un certain point les mœurs et usages du comté.

Parmi les droits que les vassaux roturiers devaient à leurs seigneurs se trouvait le droit de jurée. Madame la comtesse de Brienne réclamait, par son procureur, ce droit contre Jean de Marisy, fils de Colot de Marisy, demeurant à Brienne. Mais Jean s'y refusait par la raison qu'une de ses aïeules, Marguerite de Montfaon, était noble, et que, suivant la coutume de Champagne en vigueur à Brienne, le ventre anoblissait. La contestation fut portée devant le tribunal compétent, qui, par un jugement rendu à l'*encontre du procureur de madame la comtesse de Brienne* déclara noble le dit Jean de Marisy. Cette déclaration enhardit Nicolas de Marisy, frère de Jean. Il réclama aussi les prérogatives de la noblesse; et, le 26 août 1449, il fut aussi déclaré noble, comme descendant de Marguerite de Montfaon, et, comme tel, il fut exempt du droit appelé jurée. *Cette sentence se fonde sur les usaige, coustance et observance, notoirement tenus et gardés au comté de Champaigne de toute ancienneté;*

de plus sur ce qu'il était reconnu que Esabel (descendant de Marguerite de Montſaon) *fut conjointe par mariage avec Colot de Marisy, demorant à Brienne; duquel mariage étaient issus plusieurs enfans, en espécial le dit Nicolas de Marisy, demorant au dit lieu de Brenne, où icelle coutume avait lieu; et que, comme nobles et gentils personnes Nicolas de Marisy et ses frères et sœurs germains estaient respectés publiquement et notoirement par ceux qui les connaissaient.*

Nous sommes arrivés à une époque où la France, sous le roi Charles VII, était en partie occupée par les Anglais. La guerre se continuait depuis long-temps, et la Champagne en était un des principaux théâtres, comme elle le fut presque toutes les fois que le territoire français fut envahi. Baugier nous apprend, sans nous donner de plus amples détails, que pendant ces guerres, et en 1451, le château de Brienne fut pris par famine et démoli. Il est remarquable, et c'est une coïncidence assez bizarre, qu'il avait déjà été pris et détruit, cinq cents ans avant cette époque, en 951, et que Brienne avait de même été pris mille ans auparavant en 451, par Gébavulte, roi des Allemands, qui avait enmené les Briennois captifs.

Quinze ans après, le comte de Brienne, Louis de Luxembourg, connétable de France, sous lequel cet événement s'était passé, fut condamné, comme *crimineux de lèze majesté, à avoir la tête tranchée sur un échafaud, devant l'hôtel de ville de Paris*. La sentence fut exécutée le 19 décembre 1475.

Par suite de cette exécution, tous les biens du malheureux Louis de Luxembourg furent confisqués au profit de la couronne. Le comté de Brienne fut donné à Charles d'Amboise, seigneur de Chaumont. Mais Antoine de Luxembourg, fils de Louis, rentra en faveur à la cour, fut nommé à la place de connétable de France qu'avait occupée son père, et fut aussi réintégré dans tous ses biens, par lettres du 29 mai 1504. Depuis lors la terre de Brienne rentra dans la famille de Luxembourg. C'était la seconde fois qu'elle sortait des mains de ses comtes héréditaires.

Sous Jean de Luxembourg, comte de Brienne, arrière-petit-fils d'Antoine, et à l'époque des guerres civiles qui déchirèrent la France, le château de Brienne, qui avait été reconstruit, subït un nouveau siége. Courtalon, qui nous a transmis ce fait, ne nous dit pas quel en fut le résultat, et à quelle époque précise il se passa. Nous devons croire que c'est dans l'intervalle des années 1574 à 1576. A cette époque la Champagne était fort agitée, et Brienne se trouvait près du foyer des guerres civiles, les Guises, qui les fomentaient, demeurant au château de Joinville dont j'ai déjà parlé.

Charles de Luxembourg, fils de Jean, qui précède, fut comte de Brienne en 1576, que mourut son père. Il obtint en 1587, du roi Henri III, que le comté de Brienne fût érigé en sa faveur en duché-pairie. Mais le parlement refusa, je ne sais pour quelle cause, d'enregistrer les lettres du roi, et Brienne demeura simple comté.

Charles de Luxembourg étant mort sans enfans le 18 février 1608, le comté passa à sa sœur Louise qui le porta à Bernard de Béon, par son mariage avec ce dernier, mort en en 1647. Enfin Louise de Béon, leur fille commune, le fit entrer dans la famille de Loménie, par suite de son mariage, en 1623, avec Henri-Auguste de Loménie.

§ IV.

Avec la famille de Loménie commence, pour ainsi dire, une troisième époque de l'histoire de Brienne, époque où notre petite ville acquiert beaucoup d'accroissement et de prospérité. Les nouveaux comtes de Brienne furent d'une bienfaisance mieux entendue que les pieux comtes de la première race, et plusieurs d'entre eux profitèrent de leurs richesses pour doter Brienne d'établissemens utiles. Dès 1625, Louise de Béon-Luxembourg, épouse de Henri-Auguste de Loménie, fonda un couvent de minimes, destiné à l'éducation des enfans de Brienne. Je parlerai plus bas avec détail de cet établissement, qui devint par la suite l'école militaire où fut élevé Napoléon. La même Louise de Béon-Luxembourg fonda à Brienne, en 1653, un hôpital gouverné par des directeurs et quatre sœurs de la charité, dites *sœurs grises.*

Le comte Henri-Auguste de Loménie mourut le 5 novembre 1666, après avoir été ministre et secrétaire d'état.

Louis-Henri de Loménie, né en janvier 1636, devint comte de Brienne, à la mort d'Henri-Auguste, son père. Comme lui, et dès l'âge de seize ans, il fut ministre secrétaire d'état. Il voyagea beaucoup, et paraît avoir peu habité le château de Brienne. On dit que, sur la fin de ses jours, sa raison fut altérée par suite de chagrins de cour. Il mourut le 14 avril 1698. Il a laissé plusieurs ouvrages, notamment; 1°. Une relation en latin de ses voyages, sous le titre suivant : *Ludovici Henrici Lomenii, Briennæ comitis, regis a consiliis, actis et epistolis itinerarium;* 2°. un poème sur les fous, où il ne s'oublia pas; et 3°. des *mémoires*, qui ont été imprimés récemment. Il nous apprend, dans ces mémoires, qu'à l'âge de quinze ans *il fut envoyé de Beauchamp, en Picardie, à Brienne, en Champagne, à quatre lieues de Bar-sur-Aube et à sept de Troyes.* « J'y continuai, ajoute-il, mes exer» cices sous M. de Vignieux. J'ap» pris de mon précepteur à nager, » dans la rivière d'Aube, où nous » allions souvent nous baigner : j'en » eus une fort grosse maladie, dont » ma jeunesse seule me tira. » Il est remarquable que c'est dans cette même rivière d'Aube, près de Brienne, que se noya, en 1815, M. de Loménie, petit-fils adoptif du dernier comte de Brienne, et unique rejeton de cette famille ; ainsi que, précédemment, un des camarades de collége de Napoléon.

Henri-Louis de Loménie, mort en 1743, et Nicolas-Louis de Loménie, fils et petit-fils du précédent, furent successivement comtes de Brienne. L'histoire n'en fait pas mention. Il paraît qu'à la différence de leurs aïeux, ils vécurent tous deux dans leur terre, loin de la cour. Les grandes dépenses qu'avait faites Louis-Henri de Loménie, et le peu de fortune qu'il dut recueillir du chef de sa femme, qui avait un grand nombre de frères et sœurs, permettent de croire qu'ils passèrent leur vie sans l'éclat qui accompagne les richesses. C'est du moins ce que l'on doit conjecturer de la note sui-

vante du cardinal de Loménie, l'un des fils de Nicolas Louis : « Le der-
» nier secrétaire d'état de notre nom,
» M. de Brienne, qui fut disgracié,
» en 1663, sous Louis XIV, avait
» laissé des papiers importans. Ni
» mon grand-père, ni mon père, ne
» s'en étaient occupés. Tous deux
» négligèrent l'administration de
» leurs biens : tous deux vécurent
» dans l'obscurité; si bien que,
» quand ma mère mena mon frère
» aîné, qui était tout jeune, à Ver-
» sailles, Madame de Ventadour,
» qui vivait encore, et qui avait vu
» M. de Brienne, fut étonnée d'ap-
» prendre qu'il y eut encore quel-
» qu'un de ce nom. »

Nicolas-Louis de Loménie laissa à sa mort, dont j'ignore la date, Charles-Étienne et Louis-Marie-

Athanase. Charles-Étienne était l'aîné, et devait par conséquent hériter du comté ; mais il céda à son frère son droit d'aînesse, pour embrasser l'état ecclésiastique. C'est sous Louis-Marie-Athanase de Loménie, dernier comte de Brienne, que notre petite ville acquiert le plus de splendeur. J'ai déjà fait remarquer que la famille de Loménie n'était pas alors extrêmement riche. Le comte de Brienne fit entrer dans sa maison une immense fortune par le mariage qu'il contracta, en 1757, avec Étiennette Fizeau de Clémont, fille d'un riche fermier-général. La nouvelle opulence du comte de Brienne lui permit de satisfaire son double penchant pour la splendeur et la bienfaisance. Il fit l'acquisition des terres les plus considérables qui avoisinent Brienne, et conçut le projet de faire reconstruire le château sur de nouveaux plans.

Si l'on en croit les anciens du pays, le coteau, sur lequel est situé ce château, était beaucoup plus élevé qu'aujourd'hui. De là ses tours gothiques semblaient menacer le ciel. Bientôt, il fut détruit : le coteau fut diminué, et, sur les plans de l'architecte Fontane, s'éleva le superbe édifice que l'on admire aujourd'hui. Il est en effet digne d'admiration, et par son architecture, et par la beauté des jardins qui l'entourent. Quoique moins élevé que celui qu'il remplace, il l'est encore assez pour dominer au loin les plaines voisines ; aussi disait-on que le comte de Brienne pouvait de son château apercevoir tous les fiefs qui en relevaient, et qui étaient fort nombreux. Sa blancheur éblouissante le rend encore plus remarquable, et forme un beau contraste avec la couleur sombre des bois, dont il est environné.

Le comte de Brienne et son frère consacrèrent une partie de leurs revenus à des établissemens, utiles pour leur pays, et à des actes de bienfaisance, dont les récits, à peine croyables, s'ils n'étaient unamines, se sont conservés dans la mémoire de tous les Briennois. Ils firent reconstruire à neuf l'hôpital de Brienne, où des lits furent fondés par leurs largesses; ils confièrent aux sœurs de la charité le soin d'élever les jeunes filles du pays, et de diriger une filature de coton, qui offrit aux pauvres une ressource assurée contre la misère, et où des prix étaient distribués annuellement aux plus habiles ouvrières.

Plusieurs routes furent établies pour communiquer à Brienne, partie aux frais de MM. de Loménie, partie par suite de leur crédit à la cour.

Vers 1730 ou 1735, les religieux du couvent des Minimes, dont j'ai déjà parlé, avaient converti leur école en un collége où ils enseignaient le latin à la jeunesse du pays. Une institution de ce genre devait attirer toute la sollicitude de MM. de Brienne. Ils ne se contentèrent pas de l'encourager, mais ils lui firent de nombreuses dotations, afin qu'on pût en étendre l'enseignement et y trouver tout ce qui convient à une éducation libérale

En 1774, ce collége jouissait déjà d'une certaine renommée et comptait un assez grand nombre d'élèves, dont plusieurs étaient entretenus aux frais des bienfaisans seigneurs de Brienne. Il était réservé à une plus grande célébrité. Le 1er. février 1776 [1], une déclaration du roi distribua les élèves de l'École militaire de Paris dans plusieurs colléges de différentes provinces, et fit choix, sans doute par suite de la faveur dont MM. de Loménie jouissaient à la cour, du collége des Minimes de Brienne, pour y établir une école destinée à recevoir cent élèves du roi et cent pensionnaires. En conséquence de cette déclaration, un nouveau

1 *Mémoire sur le département de l'Aube*, par M. Bulé de Valsuzénay.

collége fut construit dans l'enclos des Minimes, et une communauté de sœurs hospitalières de Nevers y fut attachée, pour soigner les élèves malades. Enfin, en 1788, le gouvernement désigna de nouveau le collége de Brienne pour l'éducation d'un certain nombre de cadets gentilshommes destinés au génie; ce nombre devait être de quarante avec un pareil nombre de pensionnaires adjoints. L'école militaire de Brienne se soutint jusqu'en 1790. A cette époque, il y avait très-peu d'élèves. Cette considération, ou plutôt les principes du gouvernement d'alors, en firent ordonner la suppression. Les bâtimens furent vendus et détruits en partie. Aujourd'hui, on ne voit plus que l'emplacement de l'école.

Ces détails, relatifs à un établissement où Napoléon a été élevé, ne paraîtront pas dénués d'intérêt.

Le jeune Napoléon est entré à l'école militaire de Brienne le 23 avril 1779, à l'âge de neuf ans, huit mois et cinq jours. Il y a passé cinq ans, cinq mois et vingt-cinq jours, et en est sorti le 17 octobre 1784, âgé de quinze ans [1].

C'est donc à Brienne que Napoléon a passé les premières années de sa vie intellectuelle; c'est là qu'à la lecture des Poésies d'Ossian et de la *Jérusalem délivrée* il a senti les premières émotions de la gloire; là, qu'il a pu deviner son génie, et qu'il a étudié les élémens de cet art, qu'il devait un jour porter si loin.

1 *Mémoires de M. de Bourienne.*

M. de Bourienne, qui a passé plusieurs années à l'école militaire de Brienne avec le jeune Corse, dont il a été l'ami, nous donne sur ce dernier des détails précieux.

Il nous le représente timide, taciturne, aimant l'isolement et les promenades solitaires, se plaisant à se perdre, un livre à la main, sous les ombrages du parc et des bois de Brienne.

Déjà, il laissait percer à Brienne son caractère impérieux et ferme. En 1782, un jour, à la fête de la saint Louis, on jouait à l'école *la Mort de César* corrigée. Les Briennois, par un effet de la bonté du comte de Brienne, pouvaient assister à toutes les fêtes de ce genre qui se donnaient, soit au château, soit à l'école, après toutefois s'être munis de cartes d'entrée que l'on délivrait sans difficulté, mais, pour maintenir l'ordre, on établissait des postes aux issues. Ce jour-là, Napoléon en commandait un, lorsque la femme du concierge de l'école se présenta sans carte d'entrée. Comme elle faisait beaucoup de bruit, Napoléon, dit Bourienne, s'écria d'une voix impérieuse : « Qu'on » éloigne cette femme qui apporte » ici la licence des camps. »

Déjà aussi il préludait aux combats réels par des guerres fictives. Dans l'hiver de 1783 à 1784, où il tomba une si grande quantité de neige, ennuyé de se promener dans la grande salle de l'école, Napoléon détermina ses camarades, par ses discours et par ses exemples, à construire avec de la neige des bastions, des tranchées et des tours, et bientôt il donna le signal d'une guerre à boules de neige qui dura quinze jours[1].

Ce fut aussi à Brienne que Napoléon obtint ses premiers triomphes ; il eut en effet l'honneur d'être couronné, pour un prix de mathématiques, à une distribution que présidait le duc d'Orléans.

Ce prince vint à Brienne en 1783 avec plusieurs seigneurs de la cour. Jamais Brienne n'offrit un spectacle aussi magnifique. Les fêtes étaient brillantes et multipliées. Pendant un mois, le château de MM. de Loménie offrit tout l'éclat d'un château royal.

Au milieu de ces fêtes somptueuses, de cette magnificence asiatique,

[1] Cette scène est représentée dans l'*Élève de Brienne* du théâtre des Nouveautés.

qui eût pu prédire alors que la plupart des illustres personnages qui en étaient l'objet périraient sur l'échafaud !....

Comblé sous tant de rapports des faveurs de la fortune, M. de Loménie n'en avait plus qu'une seule à lui demander : c'était des enfans qui pussent perpétuer son sang et son nom. Il était, dit-on, préoccupé de cette idée, lorsque, voyageant dans une province éloignée de la Champagne, il trouva une famille qui portait le nom de Loménie. Elle se composait de deux jeunes gens et d'une demoiselle qui, tous trois, avaient reçu une éducation distinguée. Charmé de cette découverte, le comte de Brienne emmena dans son château cette jeune famille et l'adopta. Par suite de cette adoption, les nouveaux enfans de M. de Loménie devaient, à son décès, recueillir son immense succession. Mais ils ne trouvèrent dans leur nouvelle fortune que les inconvéniens attachés à la grandeur.

La révolution arriva. M. le comte de Loménie, qui a été jugé si sévèrement par plusieurs écrivains, en adopta les principes. Dans ces temps difficiles, il fut appelé au ministère de la guerre, au moment où son frère le cardinal de Loménie occupait les finances. Ce fut la dernière faveur que lui accorda la fortune, si toutefois ce fut une faveur. Elle ne fut pas de longue durée. L'ex-ministre alla se consoler dans sa terre, où il recueillit les bénédictions des Briennois. Là, il attendait que le calme revînt, et que la France jouît enfin du bonheur que tous les hommes de bien espéraient.

Dans le plus fort de nos tempêtes politiques, il n'imita pas la plus grande partie de la noblesse française. N'ayant rien à se reprocher, il crut pouvoir rester dans son château. Mais il vint un temps où la naissance, la fortune et le crédit étaient autant de titres de proscription. M. de Brienne fut désigné comme victime. On vint l'arracher de son asile dans le printemps de 1794, et on le traîna dans les prisons de Paris. Aussitôt que son arrestation fut connue à Brienne, des pétitions nombreuses de cette ville et des environs furent adressées en sa faveur au gouvernement. Mais son sort était décidé, et l'intérêt qu'on lui portait ne pouvait que hâter sa mort.

Il fut exécuté le 10 mai 1794, avec un de ses neveux et ses trois enfans adoptifs.

Ainsi périt le dernier comte de Brienne. La nouvelle de sa mort jeta l'épouvante et la consternation dans Brienne. Cette ville avait perdu son père et son bienfaiteur.

La terre de Brienne fut alors confisquée au profit de l'état; mais, n'ayant pu être vendue, elle fut restituée plus tard par Napoléon à madame veuve de Loménie, dont il n'avait pas oublié les bienfaits.

Depuis la mort de M. de Loménie, le château semblait avoir pris le deuil de son ancien seigneur. Tout y était triste : plus de fêtes, plus de magnificence. Cette monotonie fut interrompue pendant deux jours.

En 1805, Napoléon, qui de l'état

le plus humble était arrivé au pinacle des grandeurs, consentit à se rendre à Brienne, sur la prière de madame veuve de Loménie. *Il se faisait un grand plaisir*, nous dit M. de Bourienne, *de revoir les lieux qui pendant six ans avaient été témoins des jeux de son enfance*, et *d'entendre le vieux son de la cloche de Brienne*. Il arriva au château dans la plus belle saison de l'année. Ce n'était plus le jeune Bonaparte timide, pauvre, isolé : c'était Napoléon dans toute sa gloire, et entouré du plus brillant cortége. Par un retour bizarre de la fortune, madame veuve de Loménie, qui autrefois avait été sa protectrice, était devenue sa protégée.

Le séjour de l'empereur au château est encore présent à toutes les mémoires. Les fêtes recommencèrent, et Brienne, pendant quelques jours, brilla de son ancienne splendeur. Le lendemain de son arrivée, des l'aube du jour, l'empereur alla visiter sans suite les campagnes des environs de la ville, où si souvent, dans son enfance, il dirigeait ses promenades solitaires, et où, sans doute pour la première fois, il avait fait des rêves de gloire qui s'étaient enfin réalisés.

Neuf ans après, la scène a bien changé. Napoléon revient à Brienne le 29 janvier 1814. Mais ce n'est plus le héros que suivait partout la victoire. Prêt à entrer dans la capitale de la Russie, la fortune l'avait abandonné. Depuis lors, il n'avait éprouvé que des revers; et il revenait à Brienne, où il espérait faire un coup d'éclat, en raison de la connaissance particulière qu'il avait des lieux.

C'est dans la nuit du 29 janvier que Napoléon, à la tête de son armée, se dirigea de Mézières sur Brienne. Le général Blucher était alors au château avec son état major. Au moment où il allait se mettre à table, les grenadiers de la garde pénétrèrent dans le parc, et le forcèrent à prendre la fuite à travers les bois. Bientôt les Français, à la suite d'une lutte des plus sanglantes, se rendirent maîtres de la ville. Dans cette nuit affreuse, Brienne fut couvert de morts, et une partie de ses maisons fut embrasée par l'artillerie. La plupart des Briennois s'étaient réfugiés, avant la bataille, dans les bois voisins, et notamment dans celui de Basse-

Fontaine, d'où ils purent voir les flammes qui dévoraient leur ville.

Au milieu de cette nuit sanglante, Napoléon regagnait Mézières [1], où il avait établi son quartier-général, lorsqu'il fut assailli par une troupe de cosaques. L'un d'eux, qui allait le frapper, fut, dit-on, étendu mort par le général Gourgaud. « Ce qui » donne un prix bien extraordinaire » à cette circonstance, disait plus » tard Napoléon à Sainte-Hélène, » c'est qu'elle se passa auprès d'un » arbre que je considérais en cet ins- » tant, et que je reconnaissais pour » être celui au pied duquel, pen- » dant nos récréations, à l'âge de » douze ans, je venais lire la Jéru- » salem délivrée.

[1] *Manuscrit de* 1814, par le baron Fain.

A la pointe du jour, Napoléon revint au château. On assure qu'attristé des désastres auxquels était en proie la ville où il avait reçu les premiers bienfaits de l'éducation il se promettait de la rebâtir, d'acheter le château, d'en faire une résidence impériale, et d'y fonder une école militaire. Mais la fortune en avait décidé autrement. Le surlendemain, 1er. février, eut lieu la bataille de *la Rothière* [1], dans la plaine de Brienne, bataille si funeste aux Français. Ce jour-là Napoléon coucha encore à Brienne, qu'il quitta à quatre heures du ma-

[1] Cette bataille appelée aussi *bataille de Brienne* est décrite avec beaucoup de détails, ainsi que le combat du 29, dans les *campagnes de Napoléon*, par Victor Maingarnaud.

tin pour ne plus le revoir. Je ne puis résister ici au désir de citer un passage de M. de Bourienne, ayant rapport aux événemens, dont je viens de parler : ce passage n'est pas moins remarquable par la beauté du style, que par la douce mélancolie qu'il inspire :

« .... Ce ne fut pas dans ces derniers temps un des moins singuliers effets du hasard, que Napoléon ait rencontré ces troupes sur le lieu même où nous avions passé nos premières années, si pleines alors pour lui d'un avenir pour ainsi dire fabuleux. Quels souvenirs et quelles pensées durent agiter son âme et s'y presser en foule lorsqu'il se vit, empereur et roi, à la tête d'une armée naguère si puissante, dans le château du comte de Brienne, auquel il avait si souvent présenté ses hommages !... Quoi qu'il en soit, à peine Napoléon eut-il revu Brienne en vainqueur, qu'il en fut repoussé et précipité vers sa chute qui devenait de plus en plus imminente. Il ne revit plus ces lieux où il avait passé les années les plus heureuses, sans doute, d'une carrière si violemment agitée. Moi, dirai-je plus heureux que lui? je revis ce berceau de notre enfance, et je pus juger combien est grande la puissance des lieux sur l'imagination et sur les souvenirs.

» Napoléon était à l'île d'Elbe, quand je cédai au désir d'aller visiter le champ de bataille de Brienne. Descendu de voiture et arrivé sur le lieu même du combat, où je m'étais tant de fois promené avec Bonaparte enfant, je fus comme assailli par les réflexions les plus bizarres sur les destinées réservées alors à tant d'enfans que nous avions eus pour camarades dans ce collége dont je ne voyais plus que l'emplacement. Quelle diversité dans les chances de leur fortune !...

» Je parcourus le magnifique château du comte de Brienne où l'on voyait les traces de la guerre et de la dévastation. Je me rappelai, avec une inexprimable émotion, cet homme si respectable, si chéri, qui faisait le bonheur de la contrée, et qui périt sur l'échafaud...

» En me livrant à ces souvenirs sur les ruines de Brienne, je marchais sans donner à mes pas une direction déterminée. Dans cette silencieuse et solitaire promenade, le hasard me conduisit jusqu'à l'hermitage situé à l'extrémité du parc, sur les bords de l'Aube [1].

» Le temps, aidé par des mains révolutionnaires et la poudre des Cosaques, avait effacé jusqu'aux moindres traces des jolis tableaux représentant la tentation de Saint-Antoine et qui avaient fait les délices de notre enfance. Partout m'apparaissaient simultanément Bonaparte enfant et Napoléon malheureux. Je me rendis au bord du torrent rapide dans les eaux duquel je m'étais si souvent baigné avec celui qui avait rempli le monde de son nom. Je reconnus l'endroit où nous nous débattions ordinairement dans ces

[1] M. de Bourienne désigne ici les ruines de l'abbaye de Basse-Fontaine, un des plus beaux sites que j'aie vus.

il le fut dans ses beaux jours. Il exigerait des dépenses auxquelles ne peuvent suffire de simples particuliers. Il serait à désirer qu'il fût acheté par le roi Louis-Philippe, dont la famille possède déjà la terre de Joinville, située près de là. Le roi des Français pourrait seul réaliser les projets que faisait Napoléon lors de la bataille de Brienne.

LISTE CHRONOLOGIQUE
DES
COMTES HÉRÉDITAIRES
DE BRIENNE.

1°. FAMILLE DE BRIENNE.

1. Engilbert Ier., vivant en 990.
2. Engilbert II de Brienne, vivant en 1055.
3. Gauthier Ier. de Brienne, fils du précédent, vivant en 1068.
4. Érard Ier. de Brienne, fils du précédent, vivant en 1104.
5. Gauthier II de Brienne, fils du précédent, comte de Brienne en 1143. Ne vivait plus en 1156.
6. Érard II de Brienne, fils du précédent, vivant encore en 1189.
7. Gauthier III de Brienne, *roi de Sicile et duc de la Pouille*, fils du précédent: mort en 1205.
8. Gauthier IV de Brienne, dit *le Grand*, fils du précédent. On place sa mort en 1251.
9. Jean de Brienne, fils du précédent, mort avant l'an 1270.
10. Hugues de Brienne, frère du précédent, comte de Liches, duc d'Athènes. Ne vivait plus en 1301.

11. Gauthier V de Brienne, fils du précédent, comte de Liches, duc d'Athènes : mort en 1312.
12. Gauthier VI de Brienne, fils du précédent, comte de Liches, duc d'Athènes, connétable de France : mort en 1356, *sans enfans.*

2°. FAMILLE D'ENGHEIN.

13. Gauthier d'Enghein, comte de Brienne par son mariage, en 1320, avec Isabeau de Brienne, sœur de Gauthier VI de Brienne qui précède : elle vivait encore en 1362.
14. Sohier d'Enghein, duc d'Athènes, fils du précédent [1].
15. Gauthier d'Enghein, duc d'Athènes, fils du précédent, tué en 1381 au siége de Gand.
16. Louis d'Enghein, oncle du précédent, frère de Sohier.

3°. FAMILLE DE LUXEMBOURG.

17. Jean de Luxembourg, comte de Brienne, par son mariage, avec Marguerite d'Enghien, fille de Louis d'Enghein, qui précède. Jean de Luxembourg est mort vers l'an 1397.
18. Pierre de Luxembourg, fils du précédent, mort en 1433.
19. Louis de Luxembourg, fils du précédent, connétable de France, exécuté, pour crime politique, le 14 décembre 1475.

1 J'ai adopté la généalogie de la Martinière.

20 Antoine de Luxembourg, fils du précédent, connétable de France, baron de Rameru et de Piney, mort en 1510.
21. Charles de Luxembourg, fils du précédent, mort en 1530.
22. Antoine de Luxembourg, fils du précédent, mort en 1557.
23. Jean de Luxembourg, fils du précédent, mort en 1576.
24. Charles de Luxembourg, fils du précédent, mort le 18 février 1608, *sans enfans*.
25. Bernard de Béon, comte de Brienne par son mariage avec Louise de Luxembourg, sœur du précédent. Il mourut en 1647.

4°. FAMILLE DE LOMÉNIE.

26. Henri-Auguste de Loménie, secrétaire d'état, comte de Brienne, par son mariage, en 1623, avec Louise de Béon, fille de Bernard de Béon et de Louise de Luxembourg. Il est mort en 1666.
27. Louis-Henri de Loménie, fils du précédent, secrétaire d'état, mort en 1698.
28. Henri-Louis de Loménie, mort en 1743.
29. Nicolas-Louis de Loménie.
30. Louis-Marie-Athanase de Loménie, ministre de la guerre, dernier seigneur de de Brienne, condamné à mort et exécuté le 10 mai 1794.

FIN.

www.ingramcontent.com/pod-product-compliance
Ingram Content Group UK Ltd.
Pitfield, Milton Keynes, MK11 3LW, UK
UKHW012049240726
13965UKWH00003B/1147

9 782013 075299